咱们为什么要有信仰

写给职工的十二封信

郭明义◎著

WHY SHOULD WE HAVE FAITH

12 LETTERS TO WORKERS

中国工人出版社

图书在版编目（CIP）数据

咱们为什么要有信仰：写给职工的十二封信 / 郭明义著.
--北京：中国工人出版社，2020.9
ISBN 978-7-5008-7473-7

Ⅰ.①咱… Ⅱ.①郭… Ⅲ.①职工—思想政治教育—基本知识—中国
Ⅳ.①D412.62

中国版本图书馆CIP数据核字（2020）第166616号

咱们为什么要有信仰：写给职工的十二封信

出 版 人　王娇萍
责任编辑　李素素　时秀晶
责任印制　栾征宇
出版发行　中国工人出版社
地　　址　北京市东城区鼓楼外大街45号　邮编：100120
网　　址　http://www.wp-china.com
电　　话　（010）62005043（总编室）
　　　　　（010）62005039（印制管理中心）
　　　　　（010）82075935（职工教育分社）
发行热线　（010）62005996　82029051
经　　销　各地书店
印　　刷　三河市东方印刷有限公司
开　　本　787毫米×1092毫米　1/32
印　　张　4.875
字　　数　66千字
版　　次　2020年10月第1版　2020年10月第1次印刷
定　　价　28.00元

目录

第一封信 01

如今，我们是否还需要“傻子精神”？

亲爱的龚晓光：

你好！

很高兴能够收到你的来信。听说你和我一样，乐于参加公益活动，真心为你感到骄傲。来信中，你也向我倾诉了自己的一些烦恼和困惑：你积极奉献社会的热情并没有得到身边人的理解，甚至有人嘲笑你为“傻子”；很多工友也都或多或少面临信仰上的迷茫——不知道为了谁、为了什么而奋斗，有的“拜金”，有的“伪善”，有的“假信仰真贪婪”，有的成了精致的利己主义者。对此，我只想说，你并不是第一个“傻子”，你和工友们遇到的这些苦恼我都遇到过。当然，很多人都有过类似的疑惑：在当今时代，我们是否还需要“傻子精神”？

我想，答案是肯定的。

前些年，我们齐大山铁矿评选先进、劳模，由于评出的几个人都难以服众，工人们聚在一起议论纷纷。这时，一位老党员劝大家："你们别老挑毛病，哪有完人？"

工友们说："你让我们不挑毛病可以。你说一个人，我们向他学。"

老党员想了想，吐出 3 个字："郭明义！"

过了好一阵子，有人轻声说："傻子。"紧接着，又有人说："纯傻子！"

老党员说："你们在郭明义身上，挑出一个毛病，我请你们吃饭。"大伙儿全愣了，一时鸦雀无声。

其实，别人说我是"傻子"，我并不恼，相反，我甚至引以为豪。因为，曾经有一位家喻户晓的人物也有过类似的经历——雷锋。

“抚顺市望花区成立了人民公社，我把平时节约下来的100元钱，支援了他们；辽阳市遭受了洪水灾害，我把省吃俭用积存的100元钱寄给了辽阳灾区。有些人说我是‘傻子’，这是不对的。我要做一个有利于人民、有利于国家的人。如果说这就是‘傻子’，我是甘心愿意做这样的‘傻子’的。革命需要这样的‘傻子’，建设也需要这样的‘傻子’。我就是长着一个心眼，我一心向着党、向着社会主义、向着共产主义。”雷锋日记中曾记载，雷锋将自己节省的200元钱分别寄给了人民公社和灾区，当有人说他是“傻子”时，他认为是不对的，并表示“我要做一个有利于人民、有利于国家的人。”

这是多么明确、多么坚定的回答，也是多么令人敬佩的回答。这种甘心情愿做革命和建设“傻子”的精神，是心系党的事业和人民群众的生动体现。

傻子，本来是一个贬义词。但因站在不同的角度，却有不同的理解。“傻子”精神因雷锋而扬名天下，成为无私奉献、乐于助人的美德，并得以延续下来。

雷锋甘心情愿做革命的“傻子”，捐款、为人民群众做好事，从而使自己成为时代楷模、精神成为永恒。而他从中也感受到了幸福，正如他在日记中说的那样：“我是人民的勤务员，自己辛苦点，多帮群众做点好事，这就是我最大的快乐和幸福……”

后来，很多人称我为“当代雷锋”，我愧不敢当的同时，也因为这个牵强的比喻而心生自豪。现在想来，我和雷锋有着奇妙的缘分。

1977 年，在鞍山火车站，我被老红军余新元送上了新兵专列。也许是冥冥之中的缘分，才让历史在不经意间上演了令人惊喜的巧合——就在 16 年前，同样是在鞍山火车站，余新元也曾把另一个鞍钢小伙子送上了新兵的专列，那个小伙子的名字叫雷锋。

我一步步走来，深受雷锋精神的影响，所以，我不仅认可雷锋的“傻子精神”，也是其忠实的实践者。

然而，随着时代的进步、经济的发展，很多人在追名逐利的过程中逐渐产生了疑问：当今社会，还需要“傻子精神”吗？

显然，这种疑问是有一定社会背景和存在土壤的。改革开放以来，中国经济生机盎然，但市场经济所形成的价值体系和多元化的价值观对人们传统思想的腐蚀也是空前的。多少曾经坚定的信仰变得脆弱，多少原本单纯的人变得圆滑，多少默默无闻的奉献者变成了背弃人民利益的疯狂攫取者，太多以权谋私的社会现象让我们司空见惯。

“傻子”这个昔日有着可爱意味的名词被异化，埋头苦干、为民请命、拾金不昧、见义勇为等可敬之举成了“傻子”的行为标签。

可是，我们共和国大厦的建设能离得开这些“傻子”吗？“傻子”这顶帽子，刘胡兰戴过，她为了全村父老乡亲的安全，毅然选择了铡刀；“傻子”这顶帽子，雷锋戴过，他为人民服务竭尽全力；“傻子”这顶帽子，焦裕禄戴过，他为了群众脱贫，毅然拖着病弱的身子在风沙盐碱地里苦战；“傻子”这顶帽子，任长霞戴过，她为了人民的安危，牺牲在“严打”办案途中；“傻子”这顶帽子，宋鱼水戴过，她为司法公正挥洒了无悔的青春。时代因为这些忠诚的“傻子”而骄傲，祖国因为这些可爱的“傻子”而靓丽，他们正是支撑共和国大厦的民族脊梁！

鲁迅先生曾经指出：“聪明人绝不能支持世界。”的确，凡事只想沾光不想吃亏、只想索取不想贡献的“聪明人”当然是靠不住的！

现代著名教育家陶行知，通过一首打油诗把这个意思说得更加明白：“傻瓜傻瓜，种出傻瓜。只有傻瓜，救得中华。”中华大地只要不缺少“傻子”和“傻子精神”，就有希望，就会旗帜高扬，就能圆梦理想。

“傻子精神”的实质是什么？在中国著名的“红色亿元村”——河南省临颍县南街村，答案醒目地写在村广场的墙上：“只有‘傻子’才能救中国！”村党委书记王宏斌说：“中国需要‘傻子’，世界需要‘傻子’，什么是‘傻子’，就是自我牺牲。”这平凡的“自我牺牲”精神，不正孕育着一种崇高的人生境界吗？

难道不是吗？雷锋的“傻子精神”教育影响了几代人，甚至连许多外国人也在自觉、自愿地“向雷锋同志学习”，“傻子精神”至今仍在全国乃至世界范围发挥着强大的正能量——焦裕禄、孔繁森等英雄模范人物也都具有“傻子精神”，都“傻”得只知付出不懂索取；感动中国的白方礼老人，也被别人说过“傻”，他却以帮助困难学子为最大快乐；老干部杨善洲离休后治理家乡的荒山秃岭，植树造林几十年，创造了巨大的生态财富，自己一点儿也没享受，并且不让自己的后代继承，最终全部无偿捐献给了国家，别人说他傻，他却感到满足、幸福……

这也证明了鲁迅和陶行知先生的正确观点：爱耍小聪明的人靠不住，只有乐于奉献的“傻子”，才是中国的脊梁，才是社会进步、企业发展的动力！

个人的宝贵信仰，是国家富强的支撑与保障。而“傻子精神”无疑是一笔宝贵的信仰财富，是社会主义核心价值观的生动体现，是实现中华民族伟大复兴中国梦的坚实保障。无论什么时候，“傻子精神”都不会过时，因为这是中华民族最宝贵的品质。

时代需要“傻子”和“傻子精神”，我愿意为“傻子”和

“傻子精神”代言、点赞！

所以，你完全不必为他人的嘲笑而苦恼，在我们脚下的这片中华大地，有很多人和你一样。

你的朋友 郭明义

2019 年 4 月 2 日

向雷锋同志学习
毛泽东
雷锋
1940-1962

第二封信 02

坚守平凡的岗位，同样会创造出彩人生

亲爱的龚晓光：

今天是五一国际劳动节，这是咱们普通劳动者共同的节日，首先祝你节日快乐，也祝你今后能在自己的劳动岗位上创造出彩人生。

人生没有彩排，每天都是现场直播。小舞台之所以能够演出大戏，反映的是一个人的水平和能力。对咱们普通工人来说，岗位就是舞台。如何演一出属于自己的精彩大戏，在平凡的岗位上做出不平凡的业绩，着实需要认真思考。

但是，此前你在和我交流时曾说：“咱们就是普通的工人，所处的岗位平平凡凡，从事的工作平平淡淡，做不出什么大业绩，很难有什么建树。”事实上，这是个人的态度问题，需要重新调整心态和认识，树立起“在平凡的岗位上也能创造非凡人生”的坚定信念。

现在，党和国家的事业空间很大，只要有志气、有闯劲，普通劳动者也可以在宽广的舞台上展现自己的人生价值。许多劳动模范平凡而感人的事迹，都充分说明了这一点。

“人民楷模”王继才，生前是江苏省灌云县开山岛民兵哨所所长，他和妻子32年如一日，在没有淡水、没有电、面积不足20亩的小岛上，默默坚守。1986年7月，26岁的生产队长兼民兵营长王继才接到任务，第一次登上无人愿意值守的荒岛——开山岛。妻子王仕花不忍丈夫一人受苦，选择辞去工作，和丈夫一同守岛。

整整32年，夫妻俩过了20多年没有水、没有电，只有一盏煤油灯、一个煤炭炉、一台收音机的日子，坚持每天升起国旗，每天按时巡岛，护航标，写日志，与走私、偷渡等不法分子做斗争。32年，11680天，枯燥、孤独、无助，每一天都重复着相同的内容，但王继才心中有一个信念：家就是岛，岛就是国，守岛就是卫国。2018 年 7 月 27 日，王继才在执勤期间突发疾病，经抢救无效不幸去世。

2018 年 8 月，习近平总书记对王继才同志先进事迹作出重要指示强调，王继才同志守岛卫国 32 年，用无怨无悔的坚守和付出，在平凡的岗位上书写了不平凡的人生华章。

新时代，我们每个人都有一个“开山岛”需要去坚守——守住信仰的“开山岛”，就不会迷失前进的方向；守住使命的“开山岛”，就不会丧失奋斗的动力；守住奉献的“开山岛”，就不会纠结个人的得失。

人民创造历史，劳动开创未来。劳动是推动人类社会进步的根本力量。幸福不会从天而降，梦想不会自动成真。需要明确的是，劳动没有高低贵贱之分，任何一份职业都很光荣。

无数坚守岗位、创造奇迹的典型事迹告诉我们，在任何时候、任何情况下，哪怕在最基层的岗位上，都要有胸怀大局、忧心天下的情怀，把国家富强、民族振兴、人民幸福作为人生追求，立足本职建功立业，干一行爱一行，专一行精一行，始终铆在战位上、钉在最前沿。

中国航天科技集团公司第四研究院 7416 厂高级技师徐立平，靠着扎扎实实的钻研，从一名普通工人成长为“大国工匠”。自 1987 年入厂以来，徐立平一直为导弹固体燃料发动机的火药进行微整形。在火药上动刀，稍有不慎蹭出火花，就可能引起燃烧爆炸。目前，火药整形在全世界都是一个难题，无法完全用机器代替。下刀的力道，完全要靠工人自己判断，药面精度是否合格，直接决定导弹的精准射程。

0.5 毫米是固体发动机药面精度允许的最大误差，而经徐立平之手雕刻出的火药药面误差不超过 0.2 毫米，堪称完美。为了杜绝安全隐患，徐立平还自己设计发明了 20 多种药面整形刀具，其中两种获得国家专利，一种还被单位命名为“立平刀”。由于长年保持一个姿势雕刻火药，以及火药中毒后遗症，徐立平的身体变得向一边倾斜，头发也掉了大半。

30 多年过去了，当年与徐立平同时进厂的工友们都已离开或调换岗位，只有徐立平仍然坚守在岗位，有人问他为什么，他说：“危险的岗位总得有人去干呐！”正是他的执着坚守，最终成为人们赞不绝口的“大国工匠”。

坚守平凡的岗位，同样会创造出彩人生——这就是咱们普通工人应该秉持的朴素信仰。咱们无论从事什么劳动，都要干一行、爱一行、钻一行。只要踏实劳动、勤勉劳动，在平凡的岗位上也能干出不平凡的业绩。

再来说说我自己吧，自打进入矿山工作，不分寒暑，没有节假日，每天都是提前 2 个小时上班，40 公里的盘“坑”路一走就是几十年。无论枯燥还是艰险，我从来没有动摇过坚守岗位的初心。

没在矿山工作、生活过的人，难以体会矿山环境的艰苦。直到今天，我还记得14年前的那一幕：2006年7月，一个暴雨如注的夜晚，白天刚铺好的一段矿山坡道出现了险情。深夜1点，我接到电话后，披了件外衣就火急火燎地往矿山赶。伴着一道道闪电划过，我从100多米高、倾斜45度的山坡上，连滚带爬地赶往现场。每走一步，身后都会有成片的乱石哗哗往下滚，被哪一块砸中，都可能会有生命危险。“不要命了！”事后矿领导批评我抄近路，不注意安全。我不好意思地笑笑说：“慌不择路，急呀！”

也正是在这种艰苦环境下几十年如一日的坚守和奋斗，让我赢得了工友、领导乃至社会各界的认可和尊重。

所以，今天我跟你谈这些，就是希望你能够在普通岗位上保持定力，坚守岗位就是坚守初心，切不可因为岗位平凡而甘于平庸、因为工作平淡而不思进取、因为事务烦琐而心浮气躁。在任何时候、任何情况下，咱们都要坚守理想信念，不为私心所扰、不受名利所累、不被物欲所惑，正确对待名利得失和复杂环境的考验，始终耐得住寂寞、守得住清贫、抵得住诱惑。

干工作就是这样，咱们绝大多数工人都是从事最基层、最普通的工作，但无论什么工种，无论何种岗位，要想把工作干好，就必须发扬工匠精神，把小事做细、把细事做好、把好事做精，以实实在在的行动、业绩和口碑装点人生、回馈社会。

幸福是奋斗出来的，奋斗也是幸福的。

我们每一个人，都向往幸福、追求幸福。只有坚持立足岗位，为之乐、乐为之，生命才能从平凡中闪光，幸福才会从奋斗中来临。就让我们一起共同努力吧！

你的朋友 郭明义

2019年5月1日

第三封信 03

从小事做起，挺起我们的脊梁

亲爱的龚晓光：

你好。辽宁的天气逐渐变热了。你们那里如何呢？

在你的上一封来信中，我感受到了你的不安。你说，自己太渺小了，工作太平凡。同时，你跟我分享了自己的工作遭遇：因为在工作中“太死板”，没有“好人缘”，为此你感到苦恼。在你看来，我是一个有“好人缘”的人——不管谁遇到困难，我都会主动跑去帮忙，不论谁跟我提什么私人要求，我都会尽量满足。

实际上，你只说对了一半。我是个认死理儿的人，如果违反了我心中的原则，那么，即使再容易办到的事儿，我也不会“抬抬手”的。

记得有一回，我在巡查各电铲铲位推土机的跟进情况。发现一名推土机老司机在平整电铲作业面时，施工质量没有达到标准，我要求他重新施工。可能因为这名老司机觉得自己资格比较老，而且那时是冬天，所以他想等下午暖和点再干活。我不答应。我说："不行，如果等到下午再调整的话，会影响工程进展的。"老司机非常生气，从设备上走下来与我理论，在气头上的他甚至说要与我干仗。一旁的工友们都赶忙过来劝我们。

我说："你可以骂我，也可以打我，但是工作质量差是大家都看得到的，必须按照标准重新施工。"老司机看到我这样较真，没有再说什么，把自己没有达标的工作重新做了一遍，直到达到要求，我才"放"他走。

有人认为："单位的事又不是自己家的事，况且又不是什么大不了的事，何必这么较真呢？大家都是工友，低头不见抬头见的，得饶人处且饶人。"可是，我并不这么认为。所谓

“千里之堤，毁于蚁穴”，很多大问题都是从小处失守的。“勿以恶小而为之”，如果不能坚守心中的底线，“小恶”终究会坏了大事业。所以，我们心中必须有一根标尺，在每一件小事中守住自己的底线。

你或多或少有所了解，在现实生活中，党员队伍中存在意识淡薄、信念动摇、纪律涣散等问题的并非个别。有的党员不像党员，不在组织、不起作用，眼里只盯着功名利禄，结果底线失守、道德沦陷，严重损害党的形象；有的党员心无敬畏、行无底线，视规矩为“稻草人”，有的甚至否认党的基本原则和立场；有的党员在贪欲的诱惑下沉沦，逐渐丧失共产党员的信仰，突破廉洁的底线，一步步陷入囹圄……

有一个故事是这样说的：造物主在造人之后，发现用泥巴做的人总是软塌塌的，一经风雨就会倒下，于是造物主就在泥人的背上插了根脊梁，有了这根脊梁，无论遇到多大的风雨，泥人总能屹立不倒。这根脊梁，就是原则，就是我们的信仰！

习近平总书记说："马克思主义权力观概括起来是两句话：权为民所赋，权为民所用。"

全国优秀共产党员、黑龙江省双鸭山市宝清县政协原副主席于海河就是这样一位坚守"权为民所用"的典型。

于海河去世前曾担任过宝清这个农业大县的乡镇长、县农业局局长，按理说，在当地是有一定权力的。然而，直到他去世后，很多人才知道，他的妻子毛淑香一直没有工作。从村里搬到县城之后，毛淑香开过小卖部、小吃部，推着"倒骑驴"卖过水果、蔬菜，但她从来没抱怨过、没要求过。

于海河在当镇长的时候，他的弟弟见嫂子整天风吹雨淋的太辛苦，就试探着问于海河："正儿八经的工作不好办，在镇上整个环卫工的活儿总还可以吧？"

"让人说咱以权谋私，有意思吗？我不愿意让人背后戳脊梁骨！"打这往后，家人们再也没跟于海河提过一次徇私的事。

当地很多干部说：“单冲不给自己家属办工作这事儿，就让人服气！”于海河的一个朋友发自肺腑地感慨：“媳妇没工作，而自己有权、有关系却不去办，换了我，我做不到。”

正因为很多人做不到，正因为与一些“吃空饷”的干部家属做比较，才更能看出于海河的难能可贵。

我虽然没当过多大的官，也没有多大的权力，甚至在有些人看来，可能“想突破廉洁底线都没有机会”。其实，我们虽然是基层工人，但是也不要小看了自己手中的权力，有时候，越是权力不大，底线反而越不容易坚守。

我在矿山工作30多年，不管做翻译，还是当公路管理员，手中其实都掌握着一定的权力，但我始终牢记手中的权力是为国家和企业服务的，不能为个人谋私利。

1996年，我在给矿上的外资合作方做翻译时，还兼任外方人员的司机。那时候，我每天来得最早，走得最晚，用中国人特有的热情和不卑不亢征服了外方专家。在外国人眼里，我是最值得信赖的合作伙伴，用他们的话说："一眼就能看出他是共产党员。"

和外方工程技术人员在一起3年多，我多次婉言谢绝外国人给的"小费"。他们不理解，我说："我们中国人不兴这个！"

1996年下半年，鞍钢经营出现困难，几个月发不出工资。外方人员看在眼里，真心想帮帮我，就拿出厚厚的一沓钱塞给我，也被我毫不犹豫地谢绝了。

当初和我一起参加培训的3名英语翻译，如今都早已远走高飞，收入远超我。我也曾有这样的机会——组装电动轮汽车期间，美国犹格里德公司技术服务部中国区总管被我的敬业精神打动，两次劝说我到美国公司工作，并承诺给我的报酬至少比鞍钢高六七倍。

我却一连说了三个“NO”！原因很简单：“我上党校、夜校、进修，都是企业掏的学费，鞍钢培养了我，我要回报鞍钢。”

2007年，我们公司开展了声势浩大的矿产资源保护活动，我主动报名加入护矿队，每3天值一个夜班。每次巡逻时发现异常情况，我总是冲在最前面。

一天凌晨，我在巡逻时发现一伙人正在偷柴油，就立即上前制止。这伙人拿出刀恐吓我：“赶紧让开，不然废了你！”我毫不退却，甩掉上衣，拍着胸口说：“看你废我哪儿！”这伙人一看，没想到有人会为了公家的财产连命都不要了，真是遇到了不怕死的人，最后丢下车辆悻悻而逃。

底线是分界线，如果逾越了底线，事物的性质就会发生根本性的变化；底线是高压线，触碰了高压线，轻者伤身，重者身亡；底线是生命线，如果不守底线，政治生命肯定要终结，并危及自然生命；底线是前程线，只有守住底线，才能前程无限，否则就要“下线”。

我在矿山当采场公路管理员时，有调动采场所有大型工程机械的权力。一些在采场承包小工程的私营老板，想让我提供一些“帮助”，免费使用矿上的机械。有人送来手机、现金，不断公关：“郭师傅，您一句话的事儿，行个方便吧！”“我指挥的机械是不少，但不是给哪个人服务的。”无论谁来说情，都被我严词拒绝。

有人劝我说：“别那么固执！与人方便就是给自己方便，有什么不好？”我当时就急了：“拿他们一分钱，我的腰杆就再也挺不直了！”

《礼记》有云：“莫见乎隐，莫显乎微，故君子慎其独也。”

作风问题无小事，要从讲规矩开始，慎始、慎初、慎微、慎独。作为一名党员，尤其是干部，不仅要主动接受组织、制度的监督，更要不断加强自律，尤其是在私底下、无人时、细微处，更要如履薄冰、如临深渊，始终不放纵、不越轨、不逾矩。

“巴豆虽小坏肠胃，酒杯不深淹死人”。所以，坚守底线、严守红线，就要不断坚定我们的内心，从小事做起，挺起我们做人的脊梁！

你的朋友 

2019 年 6 月 10 日

规章制度
权力

第四封信 04

让知识为你插上飞翔的翅膀

亲爱的龚晓光：

来信中，你说最近工作上有了新起色，真心替你感到高兴。当然，你也提到了一些近期的困惑：工作迈入新阶段，也遇到了瓶颈期，虽然工作很勤奋，但是总难以打破天花板。

对此，我的建议很简单：学习，不断给自己充电。

干工作不仅要埋头苦干，更要通过不断学习及时为头脑补充营养，不断更新自己的知识结构，遇到不懂的问题、新的技艺，就要通过刻苦学习来啃下实践中的“硬骨头”。

可能你对此不一定很理解，你也曾说过，身边的工友普遍存在“读书无用论”的偏颇观点，觉得自己不过是一名普通工人，既不是管理人才，更当不了科学家，看再多的书也没有什么意义。而且，现在都参加工作了，再来学习未免为时已晚。

作为你的朋友，我首先想分享一下我的观点和体会：要相信知识的力量，知识确实可以改变命运，希望知识可以为你插上飞翔的翅膀！

习近平总书记说："一切劳动者，只要肯学肯干肯钻研，练就一身真本领，掌握一手好技术，就能立足岗位成长成才，就都能在劳动中发现广阔的天地，在劳动中体现价值、展现风采、感受快乐。"

三百六十行，行行出状元。任何一名劳动者，要想在百舸争流、千帆竞发的洪流中勇立潮头，在不进则退、不强则弱的竞争中赢得优势，在报效祖国、服务人民的人生中有所作为，就要孜孜不倦学习、勤勉奋发干事。

中车洛阳机车有限公司的电工高级技师李万坤，现在是全国五一劳动奖章获得者、国务院特殊政府津贴专家。他从一个半路出家的“门外汉”，靠自学成为技术能手，当上了“大工匠”。

30 岁时，李万坤放弃了原本安逸踏实的事业编制，选择成为一名企业普通员工——机车维修工。刚开始，他还信心满满，直到有一次，他负责查找一台柴油机的某个电路故障时，围着机器测试了半天，也没找到故障原因。带他的电工师傅看了测量结果后，只是紧了紧连接电路的一颗螺丝，故障便排除了。这让他意识到，自己掌握的那点知识和技能，在师傅面前简直就是“小儿科”。

自此以后，李万坤开始了勤学苦读之路，他从最基本的电工理论知识开始，努力学习电气测量、高压供电等电子技术。

当个好电工光有理论知识还不够，还要有丰富的实践经验。工作中，只要有现场处理设备故障的机会，李万坤就会紧紧跟在技术水平最高的师傅身边，仔细看、详细问，力争不在自己脑子里留下一个疑问。师傅也对他赞赏有加，寄予很高的期望，用了不到一年半的时间，他就掌握了车间大中型电气设备的维修技能，并在全厂电工技能竞赛中取得了优异成绩。2019 年 4 月，李万坤劳模创新工作室被授予“全国工人先锋号”荣誉。

再跟你说一个从造纸工人自学成为清华大学教授的故事吧。

在清华大学生命科学学院，有一位叫柴继杰的教授，他是我国首个获得德国洪堡教席奖的教授。而让人意外的是，他的人生职业生涯起点竟是一名造纸工人。当初高考时，柴继杰考到了大连轻工业学院，当时这所学校的名气不算大，在 20 世纪 80 年代的时候，还是国家包分配毕业大学生工作，他被安排到了当时的一家造纸厂里，成了一名造纸工，在那里一待就是 4 年。

和其他工人不同，柴继杰热爱学习，别人下班后去玩，他就窝在宿舍或图书馆学习，后来通过自学，成功地考上了研究生。研究生毕业后，他还是不甘现状，1994 年，他又到北京协和医院继续深造，拿下了中国协和医科大学药物研究所的博士学位。在接下来的 6 年里，他都不断充实自己，不断学习和研究生物学，经过努力，他在 1999 年成功考到了普林斯顿大学。学成回国后，他被清华大学聘任为生物科学学院的教授，真正实现了“知识改变命运”。

当然，作为普通工人，我们未必都要通过自学成为科学家，但是，我们完全可以通过不断学习、钻研，成为拥有一技之长的“大国工匠”。

全国劳动模范、全国五一劳动奖章获得者李书乾，原本只是瓦房店轴承集团有限责任公司的一名普通电工，但在长期的工作实践中，他练就了一身“硬功夫”，对各种热处理设备故障都能准确诊断、快速排除，他先后解决生产设备难题 300

多项、完成技术创新 270 多项……被称为艺高人胆大的电炉故障“克星”，其技术创新成果中有 3 项获国家发明专利。

在李书乾身上，永远有着一股不服输的劲头。他在刚刚涉足维修领域之时，并没有现在那么多高科技的学习渠道，也没有老师教，是现实需要逼着他一步步去努力学习。比如，李书乾的英语水平并不是很高，引进设备的外文图纸有不少内容看不懂。李书乾从捧着英汉词典看外文图纸开始，照着外国专家的样子练，最后实现不依靠外国专家自主创新自己干，成为进口设备的真正主人。

在国家级“大国工匠”、全国劳动模范中，这种自学成才的例子比比皆是。就连我自己，也是自学知识的受益者。

刚参加工作时，我只有初中学历，工作中常常感到力不从心。后来，我下定决心自学文化知识，以常人难以想象的毅力，“啃”下了成人高考的全部课程，获得了本科学历，还成为矿山的专业英语翻译。

1993年，我担任电动轮组装的英语翻译，在一次翻译过程中，我用实力征服了外方友人。当时，由于对话中的专业术语太多，身边的几个专业翻译都觉得难度很大，翻译得也磕磕绊绊，身边的工友更是听得云里雾里的。对方连说带比画，可还是无法顺畅地沟通。正在这时，我外出办事回来了，熟练地用英语回答了对方人员的问题，外方友人终于露出笑容，并对我竖起了大拇指。当外方友人得知我的英语全靠自学时，对我更是大为佩服。

对于我来说，读书其实就是生活中的一部分。我虽然学历不高，但始终坚持读书。所以，我在精神上是非常富足的——晚上8点睡觉，早上4点起床来到办公室，在热火朝天的工作开始前，我有着自己的“文青的、浪漫的”读书清单。我的办公室用报纸装饰得非常“后现代”，桌上堆满了各种书籍，政治、经济、社会、文学包罗万象。比如，朱自清的散文作品、英文版《红星照耀中国》，都是我读书清单上重要的作品。我认为，读书是一种精神，更是发自内心的“执念”与“正气”，这些都是来自文学与历史的滋养。

常年的阅读，也为我的写作打下了坚实的基础。我起初先是在报纸的夹缝发表几句话，后来还写过通讯，再后来由于爱文学，自己尝试写一些不成熟的诗、散文，还写过小说。作为文青，我最引以为傲的是，我还写了一首上过春晚的歌词——《把幸福给你》。

当然，可能你有时候会觉得，岁数大了，学习已经晚了。其实并不然，任何时候开始学习都来得及，正所谓“活到老、学到老”。

据统计，当今世界 90 % 的知识是近 30 年产生的，知识半衰期只有 5~7 年。而且，人的知识储备就像电池一样，会随着时间和使用而逐渐流失。因此，人们需要不断“加油”“充电”。

作为一名普通工人，一定要坚持学习。正如《劝学》里所说的那样：“锲而舍之，朽木不折；锲而不舍，金石可镂。”只要你坚持学习，终将有所收获。

愿你在学习中理解知识，感受快乐，享受幸福，活出自己的精彩！

你的朋友 郭明义

2019年7月17日

第五封信 05

奉献爱心，相信“星星之火，可以燎原”

亲爱的龚晓光：

前几日收到你的来信，感谢你在信中对我参加社会公益活动的关注和赞赏。你说，你也正参加一些有意义的志愿活动，但也有些疑虑：作为一名普通工人，能力非常有限，所献出的点滴爱心真的能改变什么吗？

对于你的疑惑，我想说，请你坚信一个道理：爱，是可以传递的，星星之火，可以燎原。

20 年时间里，在全国帮助 2002 个家庭团聚，在东莞帮助 890 名流浪人员回家，事迹被 100 多家媒体报道——你能想到，这是一个普通工人完成的非凡壮举吗？

这个人名叫张世伟，是东莞市塘厦镇康舒电子厂的一名普通工人。2001 年 11 月，张世伟在东莞偶然发现一个迷路老人。出于善心，他果断报了警。在他的配合下，警方很快联系到了老人的家人，随后老人被接回家。这是张世伟第一次帮助无家可归人员回家。当时，张世伟对公益还没什么概念，只知道这就是好人好事，感觉一个举手之劳，就挽救了一个家庭，很有成就感。从此以后，张世伟就留意身边回不了家的人，设法帮助他们回家，一直默默坚持。

张世伟在帮助流浪人员的时候，被骂过，打过，还被许多人质疑过。但在帮助流浪人员的过程中，也感动了自己，如在 2009 年，张世伟在塘厦林村发现一个流浪老人，老人 2004 年来东莞寻找儿子，下错了火车，一直流浪在东莞；同年，张世伟还发现一位流浪的长沙老人，他问出信息，帮助老人回了家。

随着张世伟帮助越来越多的流浪人员回家，他的事迹也被多家媒体报道。2015 年，张世伟感觉自己的力量毕竟微小，想凝聚更多的力量。因此，他于 2016 年创建了东莞“让爱回家”公益服务中心，建立了“让爱回家”寻亲网，大力推行反向式寻亲，呼吁全社会参与。目前，“让爱回家”已经成为中国著名寻亲公益组织，在全国建立了 30 家“让爱回家”工作室，全国各省区建立了“让爱回家”分会。截至 2019 年 3 月，“让爱回家”寻亲网志愿者已在全国帮助 2002 个家庭团聚。

再说说近几年令全国感动的中华人民共和国首位空降女兵马旭捐助家乡的事儿。2018 年，解放军空降兵部队某部离休干部、80 多岁高龄的马旭夫妇向家乡黑龙江省木兰县教育局捐赠 1000 万元，引起了广泛的关注。这笔巨款是马旭与丈夫一分一毛几十年积累而来。

然而，马旭至今生活简朴，住在一个不起眼的小院里。拥挤的小房子堆满了书，简单的家具也是破旧不堪，两个沙发露出了破麻袋和破棉絮，睡的是硬板床，吃的是土豆、地瓜这样简单的饭菜。自己身上穿的是补了又补的衣衫，脚上的鞋子已经掉了皮、开了线，对于马旭来说，最好的鞋子是一双仅 15 元的红皮鞋。而如此节俭的老人，却将一分一毛积攒的 1000 万元无偿捐给了家乡教育。

对于一个老人来说，1000 万元是一笔不小的数字，但在有些人看来，这笔钱对于改变一个地区的教育依然是微弱的。但是，马旭的价值与意义并不是 1000 万元这个简单的数字，而是挥之不去的感动，是对人生意义的思考，是对信仰力量的深刻诠释——在马旭捐款之后，其家乡木兰全城发起捐款，整座城市形成了一股空前团结的公益力量，而在全国范围内也引发了持续一年多的关注、感动和带动，无数人投入到志愿服务行动中来。

这就是“一石激起千层浪”，这就是点滴爱心撬动的磅礴力量！

志愿服务正是社会主义核心价值观的有力体现，是社会进步的重要标尺。还是那句话，千万不要小瞧了自己的爱心力量，要相信“爱是可以传递的”。

再说说我自己，回想这些年我在义务献血、筹措医疗善款等方面所做的努力，可能当时改变的仅仅是一个人、一个家庭，但是在我的坚持和带动下，却影响了很多人，这些人再去影响更多人，所带动的力量便会呈几何级数增长了。

我和“80后”同事高微在同一层楼办公。每次看到我献血、捐款，她都深受感动。终于有一天，她找到我说：“郭叔，我也想资助一个孩子上学。”我就把她介绍给希望工程办公室。她不仅资助了2个孩子读书，还和丈夫、公公一起成为我爱心团队的骨干成员。在她的带动下，她的丈夫范世威也已经献血5次。

艾伦是来自澳大利亚的专家，看到我去市希望工程办公室，他好奇地问我去干什么。我把捐资助学的事情讲给他听，艾伦被感动了，硬要我带他去希望工程办公室为孩子捐款。

道德的感召力永远胜于说教。每个人心中都埋藏着一粒善良的种子，我只是做了一个抛砖引玉的示范，唤醒了大家心中的向善之心。

2009 年 7 月 29 日，矿业公司召开“向郭明义同志学习”动员大会，会上打出了以我的名字命名的“郭明义爱心团队”旗帜。短短一年后，爱心团队已发展成 7 支志愿者大队，浩浩荡荡，共有 5800 多人。

你看，一个人的力量是有限的，但是一个人的影响可以是无限的！

萤烛微光，可聚星河；星星之火，可以燎原。所以，请不要在意自己力量的微小，举手之劳，积善成德。请相信我们老祖宗留下的智慧箴言：德不孤，必有邻。

你深深地爱着这个世界，最终也会被这个世界温柔对待。别小看自己小小的举手之劳，爱是可以传递给全世界的。所以，晓光，从每一天的清晨开始，就带着对这个世界的善意，把爱传递下去吧！

你的朋友 郭明义

2019 年 8 月 20 日

无偿献血　无尚光荣

第六封信 06

国强民富、民族复兴，梦想终将实现

亲爱的龚晓光：

今天，很高兴收到了你的来信。你说，在电视上看到了关于我在天安门参加国庆活动的新闻，替我感到骄傲和高兴；你还分享了一些你对新中国 70 年来百姓生活发生翻天覆地变化的由衷感慨，为生在这样一个伟大的国家而自豪。

确实，今天我也很激动，有幸在天安门参加了庆祝中华人民共和国成立 70 周年大会。轰鸣的礼炮、嘹亮的口号、整齐的步履、自信的欢歌，至今萦绕在我的脑海。

12 点 10 分，随着解说员说出“人民有信仰，国家有力量，民族有希望，习近平新时代中国特色社会主义思想的火炬凝聚起强大的精神力量，强信心、聚民心、暖人心、筑同心，为国家立心，为民族立魂……”，2300 名大学生簇拥着“凝心铸魂”方阵彩车通过天安门前检阅中心区。

那一刻，作为产业工人中的代表，我身着崭新的鞍钢工作服，头戴安全帽，站在彩车上，与其他 11 位全国劳动模范一起接受党和人民的检阅。我面向天安门，高举手中的花束，不停地挥手向观礼台致意。我可以清晰地看到习近平总书记向我们挥手。这一幕将令我终生难忘。

当然，最令我震撼、激动、难以忘怀的，是当天在天安门广场举行的盛大阅兵仪式。这次阅兵编为 59 个方（梯）队和联合军乐团，总规模约 1.5 万人，各种型号飞机 160 余架、装备 580 台（套），是中国国庆阅兵规模最大的一次。作为一名老兵，看着崭新的装备、精神抖擞的三军指战员昂首走过天安门，我感觉整个人都沸腾了！

上一次在天安门前举行的大阅兵，我也有幸观礼——2015 年 9 月 3 日上午，在中国人民抗日战争暨世界反法西斯战争胜利 70 周年纪念活动现场，看到很多新式装备列装部队，我深感祖国强大，难掩心中喜悦，情不自禁连发了 14 条微博，配发了 80 多张现场照片，为阅兵喝彩，为中国点赞。

没想到，仅仅过去 4 年，又一批国际领先的新型装备在阅兵式上展示，整个部队的精神面貌也发生了很多变化 ，这让人不禁感慨：中华民族伟大复兴的未来之门已经开启，强国梦、强军梦的步伐越来越激越昂扬！我们坚信：我们的英雄军队有信心、有能力打败一切来犯之敌！

金水河畔，四军列阵，铁甲生辉；电视机前，亿万人民屏息凝神，翘首以盼——1.5 万人、59 个方（梯）队步伐坚定、依次行进，我激动的泪水多次如泉涌出。

中国人民以 70 年自强不息的奋斗，成就了波澜壮阔的不朽奇迹。今天阅兵场上的凛凛军阵，向世人展示了今日中国早已从“小米加步枪”变为“东风”配“长剑”，如今正从现代化、机械化向着未来的信息化、无人化昂首阔步。经济发展更是“一骑绝尘”—— 1952 年我国 GDP 仅 679.1 亿元，2018 年已达到 90.03 万亿元，实际增长 174 倍。

面对日新月异、欣欣向荣的中国，作为曾经跌倒过的中国人，最能体会“站起来”的欢欣；作为曾经一贫如洗的中国人，最能体味“富起来”的幸福；作为走向复兴的中国人，最能燃起“强起来”的自信！

而这番成就的取得，离不开数以万计的几代中国产业工人的辛劳与付出。从第一代产业工人到如今新时代的先锋模范，是先辈和英模引领着我们前行。同时，我们的队伍不断成长，不断壮大，不断前进，迎来了一个又一个美好的明天。而你我不正在这实现梦想的道路上吗？

历史照亮未来，征程未有穷期。今日盛世赋予我们的不仅是骄傲和自豪，更给予我们每个人以信念与动力——在新时代继续坚守初心，保持奋斗姿态，向着更美好的未来阔步前进。

新中国成立 70 年来，中华民族迎来了从站起来、富起来到强起来的伟大飞跃，绘就了一幅波澜壮阔的历史画卷，谱写了一曲气壮山河的奋斗赞歌，走出了一条彪炳史册的人间正道。

回眸往昔，更能让人读懂“站起来”的不易。在上海兴业路 76 号的中共一大会址纪念馆，挂在展览大厅的两幅图片，让无数参观的人们久久驻足凝视——一幅是中国近代时事漫画《时局图》，熊、鹰、犬、蛤蟆等“列强”盘踞中国版图；一幅是清末给列强赔款的惊人数字图表，白银如开闸河水般涌出国门。在积贫积弱的旧中国，古老的东方大国就是一头任人宰割的“肥羊”！

这是历史的隐喻，更是现实的警醒：没有巩固的国防，没有强大的军队，没有自主完善的工业体系，国家和人民的安全就无法保障，发展进步也就无从谈起。

70 年来，中国从“一穷二白”跃升为世界第二大经济体，综合国力与日俱增，科技进步日新月异，自主工业体系日趋完善、产业工人队伍迅速提升，为国家安全提供了核心力量。

从“天眼”探空到“蛟龙”探海，从“墨子号”发射升空到“海洋六号”极地科考，从国产大型客机 C919 成功首飞到“嫦娥五号”奔月征程稳步推进……深空、深海、深地、深蓝，“国之重器”不断涌现，一些关键领域、核心技术取得重大突破。军民融合创新成果惊艳全球，中国人的信心和梦想不断被点燃。

“新旧相推，日生不滞”。中华民族伟大复兴的未来之门已经开启，强国梦、强军梦的步伐越来越激越昂扬。

新中国成立 70 年的历史与实践告诉我们：只有在中国共产党的领导下，走中国特色社会主义道路，国家才能强盛，民族才能振兴，人民才能富裕。这是一个不容争辩的事实，是一个颠扑不破的真理。

作为新时代的产业工人，我时刻在思考：为了我们的祖国，你我应该做什么？能够做些什么呢？对于学子而言，应当为了中华之崛起而读书；对于产业工人而言，应当为了中华之崛起，提升产业技能、推进工业技术创新，推进产业自主化进程。当然，还应当把良好的传统和文化传承下去。让后人知道我们的羸弱历史，知道我们所付出的努力，知道我们取得的成绩，以及更加恢宏的目标。我想，我们的工人队伍将更加壮大，我们的祖国也将更加繁荣富强！

谢谢你，愿你与我同行！

你的朋友 郭明义

2019 年 10 月 1 日

第七封信 07

爱家、爱社会，做一个完整的人

亲爱的龚晓光：

感谢你对我的信任，愿意与我分享你的收获、烦恼和喜悦，也愿意倾听我的一孔之见。

在之前的交流中，你说很推崇我的善心义举，也想做一个像我一样“牺牲小家、奉献大家”的大爱之人。其实，很多时候，这种“为大家而舍小家”的观点并不完全正确，我觉得，只有爱家、爱社会的人，才是一个完整的人。

我始终坚持一个观点：一个不爱家人的人，就不会爱社会；一个不孝敬父母的人，就不会忠于国家。

只是，对家人的这种爱绝不是无原则的纵容与溺爱，而是更为纯粹、坚贞的爱。我自认为对于家庭几乎毫无贡献，但我一直深爱着家人，和妻子感情甚笃。不少人认为，钻石、珠宝象征爱情；但我认为，相互忠贞，始终不渝，比钻石、珠宝更圣洁。结婚24年来，我只给妻子买过两件礼物：一条红纱巾和一枚价值28元的戒指。

有一年，组织上安排我到井冈山学习。临行前，妻子在我兜里塞了1000元钱。一路上，我没舍得花一分，盘算着又可以接济几名学生。路过一家纪念品商店时，一枚样式别致的戒指吸引了我，一打听只要28元，我一咬牙买下了这唯一的礼物。令我意外的是，妻子却很满足。这枚28元的戒指，她上班、干活都不舍得戴，等我下班回家，才戴上给我看。

只有对家人更为纯粹、忠贞的爱，也才会潜移默化影响他们成为同样纯粹的人。我把家里的钱都“折腾”出去救助失学儿童，妻子一开始也不理解。我就把一些失学孩子的资料带回家，妻子看着看着，眼泪就在眼眶里打转转。从那以后，不管我花多少钱捐助孩子，她再也没有反对过。她坚信，她的丈夫做的都是好事，是天底下最好的人。

古人云："父母之爱子，则为之计深远。"我觉得，对子女不偏爱、不溺爱，传承一个好的家风，就是对子女最大的爱。

女儿从上学起，我们父女俩每天晚上在家里的小书桌前一边坐一个。女儿做作业，我看书，还不时交流体会，就像一对亲密的朋友。我所做的公益，也潜移默化影响着她。2006年，女儿到南京上大学，她在给我的信中写道："现在不开家长会了，我还是希望你来开我的家长会；我喜欢你给我写的纸条，虽然每次都是一样的内容：世上无难事，只怕有心人。"

作为一名共产党员，我始终认为，传承好的家风就是对家人最大的厚爱，也是对社会、对国家奉献大爱的基础。

很多时候，"严管"即是"厚爱"，看似对家人严苛，实际从长远去看，才是对他们真的爱护、负责。

习近平总书记曾对焦裕禄之子焦国庆说："你看了一场'白戏'，你父亲还专门召开了家庭会议，起草了《干部十不准》，规定任何干部在任何时候都不能搞特殊化。""看白戏"的故事始终深深地印在我的脑海里。

这个故事是焦裕禄刚到兰考不久后发生的事。一天深夜，几个孩子都睡下了，唯独大儿子焦国庆还没回来。正要问，国庆从外面回来了，并愉快地告诉焦裕禄，他刚刚看了戏。焦裕禄问他谁给买的票。国庆说，他说自己是焦书记的儿子，售票员就放他进了门。焦裕禄听后眉头一皱，心想：这么小的孩子，就以干部子弟的身份看"白戏"。于是严肃地问道："国庆，你看戏不买票，对吗？"

国庆说："我是小孩，没人在意。"焦裕禄说："年龄小就知道占公家的小便宜，长大了就会贪大便宜，这是很危险的！演员唱戏，是一种很辛苦的劳动，看'白戏'是一种剥削行为！"听爸爸口气严肃，国庆知道了问题的严重性，表示自己再也不去看“白戏”了。焦裕禄从兜中掏出两角钱，交给国庆，语重心长地教导他说：“从小就要养成公私分明、为人民服务的好品德，不要以为爸爸是县委书记，就要搞特殊。明天把钱送给检票的叔叔，向他承认错误！”

为了纠正从看戏上反映出来的不正之风，焦裕禄首先从自身开刀，以国庆看“白戏”为例，在县直机关干部会上多次检查自己对子女的教育不够。县委根据他的建议，针对当时的一些不良倾向，发出了《干部十不准》的通知。

习近平总书记本身的习氏家风，便是家庭与社会、国家关系的最好注脚。

在普通人的认知中，作为高级干部子弟的习近平，能享受比较好的生活待遇，是理所应当的。事实却恰恰相反。你能想象吗？小时候的习近平常和弟弟一起穿姐姐们剩下的衣服，甚至花布鞋。

在父亲习仲勋眼里，家里的大事、小事都要为一件事让路。《习仲勋传》有这样的记述——一次，习近平的母亲齐心对孩子们说："家中的小事不能影响工作。"习仲勋听到后却严厉地说："大事也不能影响工作！"正因父亲的言传身教，习近平将工作看得重如泰山。即使是父亲 88 岁大寿，中国人很重视的"米寿"，时任福建省省长的习近平也因工作未能回家为父亲祝寿。

习近平担任领导干部后，每到一处工作，都会告诫亲朋好友："不能在我工作的地方从事任何商业活动，不能打我的旗号办任何事，否则别怪我六亲不认。"无论是在福建、浙江还是在上海工作，他都在干部大会上公开郑重表态，不允许任何人打他的旗号谋私利，并欢迎大家监督。

习近平为女儿取名明泽。"清清白白做人，做个对社会有用的人"，是他们对女儿的期许，也是他们质朴家风的写照。

家是最小国，国是千万家。家风的“家”，是家庭的“家”，也是国家的“家”。爱家人，就要给他们春风化雨般的“真爱”；传承一个好家风，既是对家人的爱，也是对社会、国家大爱的基点。

爱社会、爱国家与爱小家并不是割裂的，只有把爱家、爱社会、爱国统一起来，才是一个完整的有机体。在今后的日子里，希望你从爱家人做起，共建好家风，带动他们一起爱社会，做一个完整的、大写的“人”。

你收到我的信件时，2019 年即将过去。踩着新中国成立 70 周年的尾巴，今天跟你分享“国与家”的点滴理解，愿你如我一样，珍爱自己的家庭，珍爱我们的祖国。

你的朋友 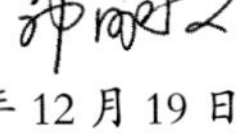

2019 年 12 月 19 日

第八封信 08

心中有信仰，脚下才有力量

亲爱的龚晓光：

新春伊始，新冠肺炎疫情汹涌袭来，我们的工作和生活受到严重的影响。此时，收到你的来信，心中十分温暖。从来信中得悉你已经做好复工的准备了，为你点赞。

你说，因为受新冠肺炎疫情的影响，个别亲友对你回到生产岗位并不理解。

我也已经投身岗位和一线。对于这个问题，我觉得，如果换个角度考虑，可能就会有不一样的理解和行动。说到底，只有搞清楚“为谁干、为什么干、怎么干”的问题，才能消解这些忧虑与烦恼。

那就说说我自己吧。疫情袭来，我和大家一样，感到十分焦虑。为家人担心、为朋友担心、为自己的工作担心，也为那些生活相对困难、急需帮助的弱势人群担心。当然，对于病毒的恐惧是第一位的。害怕，这是一种本能。你有，我也有，我相信其他人也都有。带着这些疑虑、这些担忧，我不自觉地问了自己一些问题：为谁干工作？为什么干？应该怎么干？

为了薪酬干工作，这是基础。收入是工作的回报，也是对家人的责任和担当。更进一步地想，我们的工作和劳动，何尝不是整个社会运转过程中必不可少的一个部分呢？所以说，除了为了钱，为了担负家庭的责任和义务，我们更是为了社会的有效运转，为了国家能够有效地抗击疫情、有效地从疫情冲击中恢复过来而工作的。

在茫茫人海之中，我们每一个人都是沧海中的一粟，非常渺小。但聚沙成塔、集腋成裘，如果每一个人都想明白了“为谁干、为什么干”的问题，就不会迷茫。

不迷茫、不懈怠，还要鼓起勇气，投入工作，做好自己。其实，“勇气”两个字说起来容易，做起来却很难。人最难战胜的敌人，不是洪水猛兽，而是自己。想让自己能够抵御对病毒和死亡的恐惧，能够战胜自己的心魔，勇气不可或缺。

什么才是勇气？怎样才能拥有勇气？我的理解可能并不准确。但我确认的是，勇气不是无所畏惧，而是明知山有虎偏向虎山行的担当；勇气不是忘却了害怕，而是用自己的行动，让其他同样感到害怕的人安心下来。每当大灾大难或者特殊的历史时期，总能出现一些英雄。他们天生就是英雄吗？当然不是，是时势造就了英雄，更是他们的勇气造就了英雄。

战争年代，有人把英雄的勇气升华为一个更高尚的词语：信仰。我觉得非常贴切。不管是信仰变成了勇气，还是勇气变成了信仰。总之，是一股内在的精神让他们拥有了雷霆万钧、摧枯拉朽、势不可挡的强大力量。

和平时期，人们同样需要这样的勇气，这样的信仰！

自疫情发生以来，我一直奔波在疫情防控一线，每天和工友们一起铺路、修路，为采场运输的畅通无阻而忙碌。害怕的情绪人人都有，但战胜恐惧的勇气才是难能可贵的。勇气就像是一把火，当拥有着勇气的人聚在一起，我们的勇气之火就会越烧越旺，我们的力量也就越来越大。

人生匆匆、岁月匆匆，不仅在抗击疫情、恢复生产的阶段，即便在平常的日子里，也应该弄明白“怎么干工作”这个问题。

从事一线工作许多年，很多人看着我工作的样子就说我傻，说我倔。同时，也有很多人为我点赞。其实，这就代表了人们对于工作的不同态度，要不要较真、要不要坚守工作中的高标准？我觉得，有些事关工作质量的原则和标准，是应当坚持的。一个工作负责的人、爱岗敬业的人，是最容易获得认可和尊重的。在工作中，我遇到过很多这样值得敬佩的人。我向他们学习，希望像他们一样。

记得有一年修路，是个夏天，天气炎热，那天中午 12 点多平整道路施工才结束。我的工作是工程检测，可当我经过测量后发现，路面的平整度虽然接近，但是没有达标。于是，我坚决不同意收工，也不给签证。修路作业区的现场负责人对此特别不满，但他知道我是个较真的主儿，也自知理亏，就带着大家伙儿一起返工。

你能想到，很多工人都在现场。我也只是一个基层的管理员，干吗非要冒着得罪人的风险去较真呢？如果只是从自己眼前的角度来看，为了自己干、为了多挣钱，大可不必如此。但是，当我站在企业的利益、社会的利益、老百姓的群体利益角度看，事情就很清晰了——只要不合乎规定和标准，我就必须坚持原则和底线。也只有这样，才能对得起自己的岗位责任。

作为一名基层工友，很多人觉得自己只是个“小角色”，用不着“唱高调”。其实，我觉得，鼓足勇气、坚守岗位、爱岗敬业，就是切切实实地干工作。只要人人都在工作中贡献自己的力量，我们的恐惧就会被驱散，我们的困难就会被化解。

回到最初的话题上来，疫情期间的复工复产，难道真的只是为了自己能有一碗饭吃吗？当然不是！咱们的岗位虽然是在基层，但有时候还真得站在“高处”来看问题——对于个人而言，疫情期间开工可能是为生活所迫，从国家和社会的正常运转来说，你并不是去开工，而是去战斗！

在经历了一个漫长而忐忑的春节之后，尽快有序复工复产，既是企业和个人的现实需要，也是社会正常运转的迫切需求，尤其很多企业的复产关系到国计民生和防疫物资的供应。

与平常有所不同的是，疫情期间处于“战时状态”，每一位复工者都是以“战斗者”的身份重返生产岗位——既要抓好生产为社会正常运转做贡献，又要做好防护同疫魔做斗争。在当前的特殊时期，那些冒着风险走出家门、走进工厂的劳动者，同奋战在救助一线的“白衣逆行者”和基层干部一样，都是值得我们尊敬的勇士。

心中有信仰，脚下才有力量！

我相信，你会挥去心中的疑虑和阴霾，像一个勇士一样，投入工作，守好属于自己的那一片“阵地”。我更相信，在疫情过后的日子里，你会重新审视自己的岗位，重新审视自己的职责，甚至重新审视自己的内心，进而用行动回答好“为谁干、为什么干、怎么干”的问题。

愿身在远方的你，万分珍重！

你的朋友 郭明义

2020 年 1 月 31 日

复工复产　共同抗疫

第九封信 09

关键时刻，拿出平凡者的担当

亲爱的龚晓光：

来信收悉，得知你一切安好，稍有心安。你在信中说，从新闻中得知我为抗击新冠肺炎疫情组织献血、捐款捐物，称我为“当代雷锋”“平凡英雄”，实在愧不敢当。我和身边的同事一样，在平凡的岗位上做着平凡的事，在普通的生活中奉献了一点儿普通力量。

我始终有这样一个信念：如果每一个平凡者都能贡献自己的一份光和热，那咱们中华民族就没有迈不过去的坎。

尤其经过这次新冠肺炎疫情，一场全民皆兵的战“疫”让越来越多的人坚定这样一个信念——磨难并不可怕，只要万众一心、众志成城，每个平凡的人都能拿出自己的担当，展现出不屈不挠的“中国精神”，就没有过不去的火焰山。正如习近平总书记所说："中华民族历史上经历过很多磨难，但从来没有被压垮过，而是愈挫愈勇，不断在磨难中成长、从磨难中奋起。"

自疫情防控阻击战打响以来，很多人都会发现，我们身边就有很多平凡的无名英雄，包括自己的同事、好友以及亲人——从白衣披甲的医护人员到昼夜执勤的基层民警，从奋力攻关的科技工作者到严防死守的社区工作者，从忠于职守的党员干部到热心公益的各界志愿者……

如果不是这场事关每一个人的战"疫"，他们也许就是每天与我们擦肩而过的民警、保安，就是一个个不起眼的环卫工、快递员，就是一个个行色匆匆赶着上班的邻居、路人……在每一个寻常的日子里，他们都是最普通的人。但当疫情来袭时，正是这些敢于挺身而出的普通人，为我们构筑起战胜疫情的铜墙铁壁。

新时代的英雄，大多是平凡的，他们并非高高在上，往往更多的是一种情怀、一缕善念、一颗平凡的大爱之心，用自己的正言正行和善良本能感染身边人、温暖一座城。

善良，从来不必惊天动地。在他人危险时刻能够挺身而出，折射出的是善良的本能。

2020年初，新冠肺炎疫情暴发时，寒风凛冽，江城封闭。

在党中央的号召下，340多支医疗队、4.2万多名医务人员“逆行”荆楚，奔赴战“疫”一线；约4万名建设者从八方赶来，与病毒竞速，创造了10天左右建成两座传染病医院的“中国速度”！

在感动全国的“逆行”身影中，有一张张按着红手印的请战书，还有一次次“火线入党”时高举的右拳……

事不避难，义不逃责；民之所向，我之所往。越是关键时刻，越能展现中国共产党人的初心使命。

善良没有那么难以担当，相反，你的一丁点儿举动，都可能收获意想不到的结果；你的一点儿光热，足以点亮一方天地。

当然，很多时候，平凡人的担当还体现在对善良的坚守。

很多人称我为“当代雷锋”，其实，我也只是一个平凡无奇的基层工人，回顾我的公益之路，就是从一个个微小的善意之举走过来的，很多时候，就是多想一想、问一问——看别人还需要什么，问自己还能多做些什么，然后坚持下去。

刚开始捐资助学时，我每个月的工资还不到600元。而让我开始走上资助贫困学生的道路，源于一个偶然的事件。

那是1994年的一天，我和工友去帮助农民劳动，就在我们结束了一天的劳动准备回去的时候，我无意中看见了一户被村民院子挡住大半边的土房。屋子很小也很破，里面住着一对母女，母亲似乎身患疾病，躺在床上一动不动的样子，一个10岁左右的小女孩正踩在板凳上做着晚饭……

在询问后得知，小女孩的父母离异，爸爸走了，只能和妈妈相依为命。不幸的是，小女孩的妈妈患上了严重的糖尿病，基本丧失了劳动能力。妈妈每天都要扎针输液，为了省下请人扎针的4元钱，妈妈让女儿为自己扎。孩子年龄小，不懂得如何扎针，常常一紧张就把针扎到肉里去了，往往是扎好几次才能扎到血管里。每次扎完针，孩子都哭得像泪人……

听了这些话，我的心里再也平静不下来。我下定决心：一定要资助这个孩子！那时候，我每月的工资不到600元，可我还是毫不犹豫地给小女孩留了200元钱。我不希望因为家庭困难就让一个孩子耽误甚至放弃上学。回到家后，我还是无法放下心来，决定定期给孩子寄钱，资助孩子上完小学、中学甚至大学。

这不是一个结束，而是一个开始。我的资助之路从小女孩那里起，就再没有停过。我省吃俭用，积攒着为数不多的工资，攒够两三百元，我就想办法寄出去；我从报纸上看到有生活困难的孩子，就定期给他邮寄 200 元钱；当我听说大连有个大学生因家庭困难而面临辍学，就每个学期开学的时候给他寄学费……从 1994 年开始捐资助学开始，我已累计捐款 20 多万元，差不多花去了我全部收入的 1/3，但这是值得的，因为这笔并不多的钱累计资助了 300 多名贫困学生。

我就是这样的一个人，看到别人苦我心里也苦，看到别人幸福我也觉得幸福。帮助别人改变命运，比啥都幸福！

回头再看看这些事，其实并不难，难的是坚持走下去。只要我们坚定自己的初心不变，就能一路坚持到底，在普通人的角色上也能创造非凡业绩。

和平时代，我们不一定非得舍生忘死、奋不顾身，不一定非得干出惊天动地的伟业，把简单的事坚持到底，在平平淡淡的日常赠人玫瑰，把平凡的善心与社会责任相融合，这就是一个平凡者不平凡的担当！

如果说，人们非得称我为“平凡英雄”，那么，时代呼唤更多的平凡人挺身而出，党和人民期盼更多“平凡英雄”！

仔细回望，你在工作岗位的坚守，本身也是一种责任与担当。晓光，坚持做平凡的善事，你也可以成为“平凡英雄”。

你的朋友 郭刚

2020 年 2 月 25 日

希望小学
汇款

第十封信 10

怀揣英雄的梦想，前进、前进、再前进

亲爱的龚晓光：

今天是清明节。你可愿与我一起缅怀英雄？

近日，湖北省政府评定王兵、冯效林、江学庆、刘智明、李文亮、张抗美、肖俊、吴涌、柳帆、夏思思、黄文军、梅仲明、彭银华、廖建军等 14 名牺牲在新冠肺炎疫情防控一线人员，为首批烈士。

这 14 名烈士，有的是直接参与一线救治工作的白衣战士，用生命守护生命，以大爱诠释医者仁心；有的是始终坚守在疫情防控一线的公安干警，以生命践行使命，用热血铸就警魂；有的是用真心真情帮助解决群众生活困难的社区工作者，用生命书写担当，用爱心守护家园。

是啊，他们是这场抗疫战争里当之无愧的英雄！他们用血肉之躯铸就着一道道阻击病毒蔓延的长城。他们的笑容曾那样温暖，他们的言行曾那样充满力量。

春芽绿，梨花散，正清明。每年此时，我们祭奠英雄、缅怀故人、寄托哀思、慎终追远、激励后人。今年，我们举国上下共同表达对抗击新冠肺炎疫情斗争牺牲烈士和逝世同胞的深切哀悼。全国和驻外领事馆下半旗志哀，全国停止公共娱乐活动，10 时起，全国人民默哀 3 分钟，汽车、火车、舰船鸣笛，防空警报鸣响。

生者奋然，死者安息。而这些还不足以表达我们的崇敬与告慰！

此时此刻，为烈士纪念、为逝者缅怀，我们更深刻体悟到哪有什么岁月静好，只是有人替我们负重前行。

此时此刻，我不觉回想起革命先辈，那些为了心中的信仰抛头颅、洒热血，献出宝贵生命的先行者们。

此时此刻，烈士、英雄、信仰，成为心中最恢宏的图景。

习近平总书记曾说：“一个有希望的民族不能没有英雄，一个有前途的国家不能没有先锋。”

自2014年起，我们国家设立烈士纪念日，在全社会弘扬英烈精神、缅怀英雄功绩。

铭记英烈是不能忘却的历史责任。中华民族的昨天，可谓“雄关漫道真如铁”。近代以后，中华民族遭受的苦难之重、付出的牺牲之大，在世界历史上都是罕见的。据不完全统计，在中国革命、建设、改革各个历史时期，约有2000万名烈士为民族独立、人民解放和国家富强、人民幸福捐躯。

如今，没有金戈铁马，告别战火纷飞，生活在和平年代的我们，身处的公共空间更加安全、稳定。于是，那些壮怀激烈、保家卫国的英勇事迹，也因为社会环境的变化、时间间隔的拉大，渐渐成为一些人眼中的“传奇”和“神话”。在他们看来，所谓的英雄故事，并没有真凭实据，全靠前人编纂、想象，就算别人相信，自己也不会相信。

有人觉得，在和平的年代，就不用弘扬战争年代的英雄了，这种认识无疑是浅薄的。忘却英雄便意味着背叛——没有英雄的时代是贫瘠的，遗忘英雄的时代是短视的。抹黑英雄，不光是抹黑历史，更是抹黑一代人对未来的美好期许。

显然，敬畏历史、崇拜英雄，是每个国家对待本国文明最基本的价值底线。我们今天的和平，正是战争年代的英雄抛头颅、洒热血争取来的，对英雄故事的传颂，是享受和平的我们表达敬意的方式。不管时代怎样变迁，英雄主义精神都是对价值观的传承，它构建着我们民族的精神内核，凝聚正义、力量和无畏的勇气；它还以各种各样的方式，给我们以引导和激励。

正如习近平总书记所说："今天，中国正在发生日新月异的变化，我们比历史上任何时期都更加接近实现中华民族伟大复兴的目标。实现我们的目标，需要英雄，需要英雄精神。我们要铭记一切为中华民族和中国人民作出贡献的英雄们，崇尚英雄，捍卫英雄，学习英雄，关爱英雄，勠力同心为实现'两个一百年'奋斗目标、实现中华民族伟大复兴的中国梦而努力奋斗！"

崇尚英雄才会产生英雄，争做英雄才能英雄辈出。

抗击新冠肺炎疫情，无论在救治病人的第一线，还是基层防控的最前沿。无论在战地医院的施工场，还是防疫物资供应的工业生产流水线上，哪里最需要、哪里最辛劳、哪里最危险，哪里就有人挺身而出。他们有的是党员职工、有的是青年志愿者、有的是普通民众。但在疫情面前，他们一瞬间便成为了英雄。

来信中，你也介绍自己和工友们参加抗疫志愿活动的事情。在参与抗疫的那一刻，你同样是无数人眼中的“勇士与英雄”。亲爱的朋友，我同样为你感到骄傲和自豪！

疫情就是命令，防控就是责任。此时此刻，战斗在抗疫一线、加班加点努力生产的产业工人，都是临危不惧、驰骋疆场的英雄。特别值得一提的是，抗击疫情的关键时刻，党员职工永远是最坚强的战斗队伍。群众但有所呼，党员职工必有所应。一张张被口罩勒出血印的面孔，一个个疲惫而又坚毅的身影，一份份摁着鲜红手印的请战书，一批批紧急集结的支援队伍……这背后，都少不了一个共同的身份标识，那就是党员职工，那就是和平年代里我们的英雄。

放眼我们的工人群体，党员职工有着怎样的政治本色？又有着怎样的时代风格？心中又坚守着怎样的忠贞信仰呢？显然，突如其来的疫情，不仅是对我国治理体系和治理能力的一次大考验，同时也是对每位党员、职工责任与勇气、初心与使命的一次检验。而我们心中的信仰，经历了疫情的洗礼与锤炼，将变得更加顽强、更加有力。

我们庆幸生在一个和平的国家，我们庆幸在灾难袭来之时有众多的英雄挺身而出。我们更坚信，只要广大党员坚定理想信念，不忘初心使命，团结带领广大人民群众坚决贯彻落实党中央决策部署，就一定能彻底战胜疫情。在今后的时光里，愿我们怀揣着英雄的梦想、循着他们的脚步，前进、前进、再前进。我坚信：英雄的浩然之气，永在！

愿你也能加入到英雄的队伍里来。

你的朋友 郭明义

2020 年 4 月 4 日

人民英雄永垂不朽

第十一封信 11

为了“人民群众对美好生活的向往”而奋斗

亲爱的龚晓光：

疫情当前，很多人的收入和生计受到影响。来信中，你曾好奇地问：对社会公益“挥金如土”的我，有着怎样富足的生活？那么，今天咱们就一起聊聊“财富”的话题。

对于物质生活，有人说我大方，但有人说我“抠门儿”——捐资助学，20多年捐款60多万；生活上，却省了又省。从1994年起，我开始资助贫困学生，至今共有300多名特困生因为我的资助能继续自己的学业；对于灾区群众，我不仅多次捐款，还积极组织募捐活动；对于身边有困难的工友，我也是不遗余力地帮助他们。十几年来，我捐掉了自己收入的1/3，仅汇款单就有140多张，收到感谢信200多封。

我一年四季穿工作服，一件棉衣穿了10年，就算出席各种隆重的公益活动，我也一直穿着那身劳保服。除了工资交给妻子用于生活，我把几乎所有的奖金、补贴、加班费等，连同各种奖品、慰问品全都捐了，甚至连妻子每月给我的零花钱，我也省下来都捐了……

事实上，我们夫妻俩的工资加在一起，在鞍山属于中上水平。在物质上，我们家完全可以更宽裕。

经常会有人不理解地问我："为什么不给自己、孩子多存点儿钱？"

有人觉得存款多、房子大是财富，可我觉得物质财富只供个人享受，不算真正的幸福，如果用来帮助困难群众，大家分享，就会带给更多人幸福。对我来说，70 多本献血证、200 多封感谢信，就是对我最大的奖赏。

在我国，做慈善、做公益正成为一种风尚。在服务社会中获得财富，再用手中的财富服务社会，这样不仅物质上富有，而且精神上也是富有的。

除了个人的财富观，我想，作为一名新时代工人，我们还应该有更高的精神追求和奋斗目标——为了“人民群众对美好生活的向往”而奋斗，这就是支撑一代代共产党人矢志奋斗的信仰基石。

在奋斗的过程中，我们应该搞清楚究竟要追求怎样的生活。其实不仅仅是我，无数的共产党员追求的从来都不是自己个人的生活富足，而是为了千千万万大众的幸福生活而奋斗。而党正孕育于你我这样的工人之中。工人阶级是共产党人的力量之源。显然，中国共产党人从来追求的都不是个人的升官发财，而是人民的共同富裕。

共同富裕包含两个方面的内容：“共同”反映了富裕的范围，是相对于私有制导致的两极分化而言的；“富裕”则说明生活丰裕的程度，是相对于贫穷而言的。为了实现这样一个共同目标，无数共产党人奉献了自己的财富、青春乃至宝贵的生命。

习近平总书记讲："我们追求的发展是造福人民的发展，我们追求的富裕是全体人民共同富裕。虽然实现共同富裕要有一个过程，但我们要努力去做、不断推进。"

我曾读过新华社的一篇报道。文中这样表述：

从生产大队党支部书记，到泱泱大国最高领导人，40 多年来，习近平总书记无时无刻不牵挂着贫困群众，始终把扶贫使命扛在肩上。

早在陕北梁家河插队时，他就带领乡亲们打井、修淤地坝、修梯田、建沼气池，向着"一年四季能吃上玉米面"的朴素目标而奋斗；在河北正定担任县委书记时，他扛着自行车一步一步蹚过滹沱河，走遍全县 200 多个村子，探索农村改革脱贫路；在福建宁德担任地委书记时，他几乎走遍所有的乡镇，不断探索“弱鸟先飞”的路子；到了省里工作，他盯住对口帮扶，推动“闽宁协作”在宁夏大地结出丰硕成果。

党的十八大以来，习近平总书记深入全国集中连片特困地区，考察了20多个贫困村，连续4年主持中央政治局常委会会议、政治局会议，听取脱贫攻坚成效考核汇报，连续6年召开脱贫攻坚座谈会，连续6年在全国扶贫日期间出席重要活动或作出重要指示，连续6年在新年贺词中强调脱贫攻坚，连续7年在全国两会同代表委员共商脱贫攻坚大计，还多次回信勉励基层干部群众投身反贫困斗争的伟大事业……

正如习近平总书记所说：“40多年来，我先后在中国县、市、省、中央工作，扶贫始终是我工作的一个重要内容，我花的精力最多。”

在习近平总书记的带领下，人类历史上前所未有的脱贫攻坚战在全国范围打响。自2015年中共中央发布关于打赢脱贫攻坚战的决定后，25.5 万个驻村工作队、290 多万名县级以上党政机关和国有企事业单位干部，在深入贫困地区的同时，党员组织关系也转接到所驻贫困村，全身心专职驻村帮扶，有人在那里一奋斗就是好几年……

也是从 2015 年开始，我在自己捐助国家精准扶贫建档立卡户的同时，发动郭明义爱心团队参加志愿扶贫。到 2020 年 5 月，共有 1320 多支爱心分队，精准帮扶遍及 20 多个省市自治区的国家精准扶贫建档立卡户 6100 余户，捐款总额 2980 多万元。为打赢脱贫攻坚战献出一份力量。

全面建成小康社会，一个不能少；共同富裕路上，一个不能掉队。为了实现“打赢脱贫攻坚战、实现共同富裕”的奋斗目标，有的人不仅奉献了物质、汗水，甚至付出了宝贵生命。显然，他们的付出与牺牲，绝不是为了追求个人的富裕，而是为了“人民群众对美好生活的向往”而奋斗。

当然，城市困难职工、贫困的农民工群体也是党和国家的扶贫对象。尤其是一些没有基本生产资料的职工，一旦失业，生活来源立即丧失。我也曾经遇到过部分困难职工，在这样的家庭里，孩子上学、老人生病就医都是沉重的负担。我和其他的志愿者略尽绵薄之力帮助他们，希望他们走出贫困，过上更好的生活。

作为产业工人，你我都应当树立这样的财富信仰——个人的财富观念与社会、国家财富观念协同一致，为了“人民群众对美好生活的向往”而奋斗终生！

你的朋友 郭明义

2020 年 5 月 19 日

致富之路

第十二封信 12

坚守新时代的信仰，阔步前行

亲爱的龚晓光：

疫情的影响逐渐消退，我的工作和生活基本恢复如初。你那里如何呢？

在上一封来信中，你谈到了自己在抗击疫情过程中的变化。你说，感到了自己的成长。是啊，年轻人不正是需要苦难的磨砺，不正是需要时代的锤打，才能快速成长的吗？

其实，不仅对于个人，对于一个企业、一个国家也是如此，只有不断突破困境，不断登上新的台阶，才能取得新的成就！“多难兴邦”说的便是这样一个道理！

5月28日，第十三届全国人民代表大会第三次会议在北京闭幕。在疫情冲击下的历史背景里，全国两会的闭幕，又是中国人新一轮奋斗的启程。通过两会，我们再次向全世界表明：面对疫情，中国既在按照原定步骤推进一些事情，还在加快节奏谋划一些事情。中国前进的脚步不会停止，中国人风雨兼程、笃定前行。

亲爱的朋友，在过去的一年多里，我们相识、通信、相知，畅谈了家庭、社会、国家等各方面的信仰话题。今天，我所在的党支部共同学习了全国两会精神。心有感触的我，想跟你再聊一聊新起点、新征程、新使命。

2018 年 12 月 18 日，在庆祝改革开放 40 周年大会上，中共中央、国务院隆重表彰了 100 名改革先锋和 10 名中国改革友谊奖章获得者。许多人都注意到会场上出现的一幕——在《春天的故事》音乐背景下，习近平总书记带领位于主席台第一排的中央领导集体转身，向获奖者鼓掌祝贺、深情致意。

习近平总书记说：“我们要一棒接着一棒跑下去，每一代人都要为下一代人跑出一个好成绩。”毫无疑问，这 100 名改革先锋都是各行业的领跑者，他们以满腔的热血、顽强的意志、坚定的信念、执着的努力，跑出了自己手中无愧于时代的“这一棒”。

我时常问自己：今天，站在历史新起点的我们，将如何跑出一个好成绩呢？

我觉得，必须沿着正确的方向勇往直前。正如习近平总书记所指出的那样：“40 年的实践充分证明，党的十一届三中全会以来我们党团结带领全国各族人民开辟的中国特色社会主义道路、理论、制度、文化是完全正确的，形成的党的基本理论、基本路线、基本方略是完全正确的。”不走封闭僵化的老路，不走改旗易帜的邪路，这就是正确的方向。

一部当代中国改革开放史，就是一部坚持解放思想、坚持实事求是、坚持与时俱进、坚持求真务实的奋斗史。同时，更是中国工业崛起，中国工人队伍不断壮大的恢宏历史。

在中华民族伟大复兴的奋斗史中，我们党在革命性锻造中坚定走在时代前列，始终是中国人民和中华民族的主心骨！无论在任何历史时期，无论在任何急难险重任务面前，共产党员总是一马当先！

回望来时路，中国共产党为什么“能”，我们可以从无数共产党员矢志不渝的实践中找到答案——从“我要老老实实为党和人民当一辈子老黄牛”的王进喜到“让我一辈子守着这面旗”的王继才，从“只要国家好，我宁愿一辈子不出名”的于敏到“当一辈子军人就要训练一辈子”的杨业功……中国共产党之所以取得“当惊世界殊”的成就，关键在于千千万万共产党人对初心始终如一。

那么，对于孕育了党的工人队伍来说，在新的历史时期，如何做到一辈子不忘初心、牢记使命？

习近平总书记强调：“不忘初心、牢记使命不是一阵子的事，而是一辈子的事。”

“我是党员，我先上！我是劳模，我先上……”“没有危险，要党员干什么？”……面对来势汹汹的新冠肺炎疫情，一句句铿锵有力的誓言，一封封印满鲜红指印的请战书，一幕幕感人至深的场景，在无数的工厂、车间、生产战线上上演。

“关键时刻冲得上去、危难关头豁得出来，才是真正的共产党人。”在统筹推进新冠肺炎疫情防控和经济社会发展工作部署会议上，习近平总书记为共产党人画出肖像。

“共产党员时刻听从党召唤，专拣重担挑在肩。”革命现代京剧《智取威虎山》中英雄杨子荣的这句唱词，形象地诠释了共产党员所应承担的责任和使命。显然，共产党员“关键时刻冲得上去、危难关头豁得出来”，是对初心、使命的践行，也是价值追求所决定的。

关键时刻谁过得硬，群众心中有杆秤；危难关头谁顶得上，群众眼里看得最清。显然，广大的工人群体，正是在疫情的洗礼中，在烈火的淬炼中，践行了自己的信仰与追求。

当然，除了危难关头的生命考验、危急时刻的生死较量，我们面临的更多挑战是日常工作中如何围绕中心攻坚克难。尤其 2020 年是“十三五”规划收官之年和脱贫攻坚决战决胜之年。

“决胜全面建成小康社会，开启全面建设社会主义现代化国家新征程”。党的十九大在对决胜全面建成小康社会作出部署的同时，明确了从 2020 年到 21 世纪中叶分两步走全面建设社会主义现代化国家的新的奋斗目标。

2020 年，中国面临着更加复杂的政治、经济形势。从国际看，疫情持续蔓延，世界经济下行风险加剧；从国内看，决战决胜脱贫攻坚，全面建成小康社会，哪一项任务的担子都不轻。

习近平总书记审时度势，多次提醒全党要清醒看到国内外疫情形势的复杂性和严峻性，我国防范疫情输入压力不断加大，复工复产和经济社会发展面临新的困难和挑战，强调“要坚决克服麻痹思想、厌战情绪、侥幸心理、松劲心态，持续抓紧抓实抓细外防输入、内防反弹工作，决不能让来之不易的疫情防控成果前功尽弃，确保完成决战决胜脱贫攻坚目标任务，全面建成小康社会。”

这些目标任务，每一项都是难啃的硬骨头，风险、挑战、矛盾、压力无处不在，无不呼唤时代产业工人“冲得上去、豁得出来”的担当和作为，无不需要敢当、甘当“冲锋者”的党员职工。

2020 年 2 月初，一段中国女篮赛前动员的视频在社交媒体上流传，很多人看后不禁热泪盈眶。在视频中，中国女篮心理教练黄菁鼓励球员："当需要一个人站出来时，那叫勇敢；当一个团队挺身而出时，那叫担当；当一个国家身处逆境、呼唤一种精神时，那就是使命，就是信念，就是一往无前！"

2020年4月中旬，中华全国总工会第十七届执行委员会第三次全体会议召开。会议明确了2020年工会工作的总体要求："围绕统筹推进新冠肺炎疫情防控和经济社会发展工作，建立健全工会制度体系，多做脱贫帮扶的工作，多做雪中送炭的工作，多做化解矛盾的工作，多做凝聚人心的工作，不断增强工会组织的政治性、先进性、群众性……"

对职工党员来说，更应具备挺身而出的担当精神，要时刻具备"冲得上去、豁得出来"的勇气魄力，始终保持箭在弦上、引而待发的冲锋姿态。要知道，"随时准备为党和人民牺牲一切"不是嘴上说说就算的誓词，而是要终身为之努力、时刻做好准备、真正付诸行动。

创造历史的人，即使没有一个特定的名字载入史册，也会化入一个崇高的集体。作为新时代的产业工人，我们要坚守新时代的信仰，阔步前行，带头跑好自己的这一棒，不辱使命，无愧子孙。

年轻的朋友，让我们一起努力，阔步前行！

你的朋友 郭明义

2020 年 6 月 3 日

党员先锋队